Friedrich J. Minde

Blauton und Turbulenzgeräusche

Gedichte

FRIELING

Bibliografische Information der Deutschen Nationalbibliothek
Die Deutsche Nationalbibliothek verzeichnet diese Publikation in der Deutschen Nationalbibliografie; detaillierte bibliografische Daten sind im Internet über http://dnb.d-nb.de abrufbar.

Rheinstraße 46, 12161 Berlin
Telefon: 0 30 / 76 69 99-0
www.frieling.de

ISBN 978-3-8280-3382-5
1. Auflage 2017
Umschlaggestaltung: Michael Reichmuth unter Verwendung einer Fotografie von Rainer Elsmann

Printed in Germany

INHALT

I. DOPAMINPEGEL KEHLHOCH

II. VERKNÜPFUNGSMUSTER

III. DIE KNOSPE DER FEUERTRÄUME

IV. ABFRAGUNG DER BLUTBAHN

V. AUFWIND AUS FEDERN – SCHÄUMENDES SPIEL

I

Dopaminpegel Kehlhoch

KÜCHENLIED

Musik? Immer! Und mitsingen!
Gerad bei den Routinen des Kochüblichen jetzt
Mit traditionell echt aus der Tosa-Region diesem
Unserem Top-Haiku-Kurouchi-Urmesser
Die rau wild zerfurcht und sichtbar
Beweiskräftig schwört der Hersteller auf jeder
Mattschwarzklinge sich wiederfindet

Zumal der Polylith sprich Objektstein
Subjektsgriff plus lederne
Kopula das war als Kombination
Der urerste MATERIALE SATZ doch beim

Arbeiten ob er dem Jetzttyp ähnlich
Selber auch sang so ein CRO-MAGNON
Da er ja immerhin schon die gleiche
Nachtigall hörte wie wir und für gewöhnlich

Ein Zierzebrafink wenn er sein stilles
Weibchen umsingt schon dem steigt
Der DOPAMINPEGEL kehlhoch
Und nun gar so ein wildes

Vorzeitdunkel da sang Wesen
Aus allen Dingen das noch
Den Sänger umschlang so würd
Auch ich jetzt singen wenn fast vergessen

Doch irgendein Tiefen-Akkord
Downtown sich verirrt
Und aus der Wut des Verkehrs
Plötzlich ein *Ruf* das Ohr

Aufschließt nicht anders als jenem
Ba-aka-Sarno aus Jersey
Urwaldgeraune vom Kongo
Nachtgrüne Töne

Geheimnisvoll eindeutig wie
Wo *Götter* noch wohnen
Veda-Gemurmel
Metrenummauert tat tvam asi

Arekuru toppû no naka
Kimi no koe ga kikoete kuru
Was wir natürlich gerade
Jetzt wo die Frühzwiebeln in unserer
Rechteckigen Tamagoyaki-Pfanne
Vulkanische Phatte-Beats brutzeln
Voll triumphal hochfahren

MIT DOPPELTEM BÜGEL

Indien das fern mit rückwärts-
Beugendem Handgriff zur
Schlinge
Zieht es die Füße
Hoch über den Kopf

Nichts ist der Wind –

Freiburg das einst auf
Tragendem Turmschaft zum
Netz
Aus Stein durchbrach es das
Pyramidale Maßwerk

Nichts ist der Hauch –

Hier lässt sich nur unter der Hand
Zwischen Netz die gespannte
Feder
Und Schlinge jetzt noch als
Fangeisen versuchen

Himmlisches Kind –
Ich bin es auch –

NACH OBEN HIN FREIER

Abschussreif diese Muränenraffzähne
Blähkugelstachelbäuche breitspurige
Flachrochenplattfußflundern wenn
Zufällig wir das uns mal reintun
Kindergeburtstagshorror oder so ähnlich
Mit Nasen glasplatt am Meerwunder-
Grusel von Vorzeitmonstrositäten

Offerten objektinduzierten Staunens
Zum Präparationstraining denn so ein Schöpfungsgrund
Aus perzeptionskonstituiertem UN –
WAHRSCHEINLICHKEITSSCHAUM

Wo ecce ipse der Sapientissimus
Ein BLÄSCHENKONGLOMERAT zum
Gott unterwegs per überkomplexem
Libidoperspektivismus

Sodass sein Phänotyp aktuell als Dampfhans
Mit Stand-by-Omnipräsenzen hext
Und ENTSUBJEKTIVIERT sich zum Technonomaden
Von Aufstiegs- zu Aufstiegschance

Achtfach häute dich mir
Schlange die als Pfad
Zum Gipfel führt dass ins Licht mein Leib nach
Langem Wandern sich verwandelt spürt

Was manch einer sogar erreicht
Wenn er nur sitzt Nacht um Nacht
Sitzt unter dem *Bodhi-Baum* bis auch
Er dann als Morgenstern aufsteigt

Leicht wie ein weicher
Rindenmarkrauch der
Hohlknochengeleitet nach oben
Zur Nebenhöhle sogleich

Großkatze die im geschickten
Aufsprung zum *Yopo*
Ein Paradiesvogel handtrommel-
Reitend davonfliegt

Genau was wir Leute ja kennen
Schräg hoch Richtung Morgensonne
Mit Tui oder Thomas Cook durch Schneeregen
Der schon gefühlte zehn Wochen
Wir also wenn auf dem Sprung für ein Weekend
Hawaii! Here we go with Botanical Garden Zoo
Inclusive Kanakenband!

SPÄTMOND

Altpappelpopulationen
Fortschreitender Hiebsreife
Wirkstoff
Dass Energie sich erzeugt
Hinter dem Netzhaut-Schaltkreis

Wach jetzt die Augen –

Wahrnehmungswelt der ein
Riss in den Isolatoren
Auffälligkeiten
Zieht er ihr ein Temperaturwechsel in der
Zukunft des Winds

Wach jetzt die Stirnsicht –

Polzonen die dunkel
Mit Abraum mit Genfluss
Dass Reifegrade
Ob sie sich runden
Dunkel die Polzonen

Wach nun auch
Du auf – Scheitellicht!

CODA

One pound ground beef
Hoch wie der Eisberg-
Salat und vielfache Schichten
Amerika-Käse
Und alles mit Links
Rechts muss uns wieder zum nächsten
Drive-in manövrieren

Sodass der *Wahrsager* kaum irrte
Von wegen der Stärke fleischfressender
Pferde mit denen der Weltlauf
Gula sich ausgaloppiert

Ergänzend Kandinsky dem wiederum
Vor metaphorischen Heuhaufen
Mystice aufging
Aus ists mit dieser blumigen

Letztwelt aus Plastik und Alu-Schrott
Die siebenschlündig sich reinschlingt
Ihr Ende aus Einweg-
Zornschalen to go in recte

Philomela

Wirst getötet ehe noch der Mai

Herum flöte fort wenn du nicht flötest bleibt

Mir ach der Frühling stumm und die Kehle

Beginnend in Prag muss mit erstarrter

Nachtigallzunge dem Schlemmerleib

Gottes Gericht ankündigen

Diskret à la GALLERY-Carte

Aufs Herz setzt sterbensverzagt

Da mancher von Ratten weil gründlich

Silicagelgetrocknet schon

Voll REHYDRIERT sichs am dritten Tag

Doch BRAIN-TRUSTER die hoffen aufs Hirn und dass es

Mit immerhin 100 Billionen

Fackeln den Sternen selber sich noch

Andienen könnt auf dem Milchstraßen-

Fest wo wir selig beschwingt

Rind pfundweise roh

Geschmort gegrillt

Gesotten gebraten an Kopf-

Salat grünknackig wie

Blätter vom Kapok-

Baum beidhändig uns reinschieben

ALLZEIT

Gelbbraun stockender
Stoffstrom mit dem sich
Ein Kernschmerz die Spätholz-
Aktivität reduziert in immer
Engeren Jahresschlingen

Fuß sag wie trugst du –

Hinschmelzend indessen Merkur
Und Venus errötend verglüht
Spielen sie mit der Sonne
Eiserner Kugel eis-
Ausblühendes Pollenkorn

Aug wie du erkanntest –

Denn Raumzeiteröffnung ist
Wo Strahl sich mit Material
Plötzlich als Gottespunkt präsentiert
Verdichtete Energie die
Krone verlichtet

Sag Herz wie schlugst du
Bevor du entstandest?

ZURÜCK IN DIE FERNE

Und werden wir gleich mal zuerst
Den Notruf Aktzeichen XY
Ob endlich das Sparten-CERN
TV-total-Expeditionslügen
Ins Tierreich diese Bestechungs-
Sportschau für drastisch getrübte
Glaskörper denn jenes

Auge das einst
Kündend den Akrigentinern glühte
Weltenlaterne
Mit Schöpfungsurfeuerlicht reine

AUSSTÜLPUNG ists des Gehirns mit Sicht-
Rändern gallertigen Kern
Umzitternd der Sehnsuchtskräfte
Auf den Objektwirrwarr richtet

Und lässt Lilybaion an jede Flagge
Taghelles Hoffnungsglück heften
Wenn beim Erwachen des *Helios*
Sie aufsteigt am Kai in Karthago

Segel klar
Für die Sonne Leinen los
Mit dem Wind dort wo Lichtformen
Wohnen bringt mir das Auge hin offenbar

Genprogrammierte Fernsichtnostalgik
Die ja auch via SUPERPROTONSYNCHOTRON
Schafft sie sich high tech hoch-
Optimierte Ausblicke

Auf absolut Inkommensurables
Fromm vorm ergatterten Guckloch
Im PLANCKSCHEN SCHLAGBAUM
Lacerta gen Osten falls halb

Blind sie noch einen Mauerspalt trifft
Bei Anbruch der Nacht um zu reiner Schau
Das Lichtgestirn zu empfangen
Früh wenn es aufersteht *heilstiftend*

Über die Hafenkante dort
Ziehen sich graugrüne Stare
Criminal Minds rein bis Horror-
Ultra-HD-Kommissar Save
(Der aus dem Benetton-Block)
Mit Show-down-Hochwasser-
Hosen uns wollschockt

PLANSKIZZE

Teilobjekt-Blickmotorik
Durch Forschungsmaschinen: Wobei
Freiflächen
Ungläubig sich ergeben
Für tragende Elemente

Süden – tags ein Verdacht

Gründungsfels aber ist
In den ariden Gebieten
Der – aufreißt
Wo fahrig ein matter
Halm ihn berührt

Süden – nachts blind bedrängt

Gleichmäßig mittags Gewölbe
Und Stützkörper flutend
Radfenster: Die sind nun
Gelassen wie ihre Sonne
Licht ohne Lidschlag

Süden – ihn Tag und Nacht
Denken bis er mich denkt

II

VERKNÜPFUNGSMUSTER

APFELRHAPSODIE

Wir aber ein Blick und untrüglich
Sehn wirs doch so einer Tussi an
Das Spülbecken in ihrer Küche
Obs einer Stahlfixkur jahrlang
Entgegenfleckt und mikrobiell über
Die Epidermis bis unter die Achseln
Aufwärts und dann ringsherumdünstend

Denn Peanuts die gibt es nicht! Abdizieren
Musste selbst Fabius Maximus
Damals die sichere Diktatur nur
Weil eine SPITZMAUS vielzitzig

Drauf pfiff und nun gar dieses Totalphänomen
Kosmos ganz anders hätt sichs ja strukturiert
Wenn nur ein einziges QUANT ENERGIE sich
Im Erstknall und nachtschön

Die *Himmelsrose*
Sie gäb es dann gar nicht
Fünfblättrig den Ernst
Aufhellend des Erdenloses

Apfel wangenrunder meiner
Göttin heilig um des Sternes
Wunder lass mich
Dich zerteilen

Ist Liebe doch nur als erleichtertes
Fleisch ist sie stillbar nicht
Aber der *Sternglanz*
Den sie zurückleuchtet

Und nicht magische Salbe
Über der Haut ihres Fährmanns
Nein *himmlischer Widerschein* wars
Dem Sappho sich hingab

Denn Herz nur als munterer
Zu vier Fünfteln aus Wasser
Gemachter HOHLMUSKEL
Wie schnell rinnt das aus und

Trübungseffekte bewirkend
Tropfts von der Dusche
Wenn wir erschöpfte Blicke
Kopfschüttelnd dann von den Armaturen
Absenken auf dieses uns nie wieder
Dreist übertrumpfende
Quant Spitzmaus

AM SCHWARZMEERRAND

Materieklumpen
Grünschleim spiralig
Nach oben strebend
Gezogen – in Zuwachszonen
Von je Unterscheidbarem

Nur diesen von allen Tagen!

Und im Verlustsystem
Zerrissenen Winds
Mundgefühl Staub-
Säule – sich aufhebend
Im Helligkeitsabfall

Auf dieses Schiff einen Blick!

Einmal jedoch ein Hörraum
Einmal die Resonanz
Blühsüchtigen Lichtsinns
Einmal Erkennungsstruktur wie
Zeit sich entziffert

Für ewig ohne zu klagen
Persephone kehr ich zurück –

ABSOLUTES GEHÖR

Herzlich willkommen und
Sprechen Sie wenn Sie jetzt oder
Falls Sie zuvor bei uns
Deutlich die Worte
Dass wir es Ihnen und
Drücken Sie dreimal lang lang oder
Sagen Sie kurz

Nein in den labyrinthischen Call-
Pfad bündiges Hominiden-Nein das ohrlos
Dieser SILIZIUM-CHIP
Hörts rein mit Laborkristall

Während grün wetteifernd
Die *Magna Mater* mit hypersensiblen
Knien von Grillen herumhorcht
Und Brüstlein zarterer Käfer

Bis aus dem GENPOOL sie weichen Glanz
Von durchscheinendem Lotos empor-
Läutert und ganzkörperperzeptiv weit
Offen hinauslauscht ins Ganze

Om mani padme hum sei du

Der Erde Licht mein Seidenkleid

Sei du Entfaltung

Mein zum Nichts das ruht

In Asana-Mandalas

Lichtfanggestalten

Gläsern gewölbt

Zu Großmeistern und halbdiaphan

Kleineren Angestellten mit eher

Vorsichtigem Privatselbst

Das sich dem *kosmischen Horizont*

Mehr buchprüfend annähert

Bevor im Triumph der finalen

Vollselbsterkenntnis der INFORMATION

Aller Empfang koinzidieren muss er

Mit jenem Erstklang der körperlos einstmals

Heilweisend war und kehlloser

Wechselbalg heute spukt er

Anmaßend in unserer Geisterbahn fort

Mit Sagen Sie dreimal und

Sprechen Sie jetzt oder

Drücken Sie Heilige Jungfrau nun

Drücken Sie schon!

KONTINUUM

Buntspecht ein Jahrvogel
Der fast an der Flimmergrenze
Zur Umkehrfigur des Tags
Zwanghaft – ins Blaue
Hackt er sein Ideogramm

Wo kein Strahl mehr hinreicht –

Blutunterwaschen die Bildwerke
Und um die Segenstür spielend
Die Polychromie staub-
Unmittelbarer Gastgötterfragmente
Filtererzeugt

Wo kein Ufer mehr ist –

Rose entropisch
In Graupunkte zerlegt
Mischt was dazwischen war – sich
Schwingkreisen homogener
Grundhelligkeit zu

Fisch lasst mich sein wie er leicht
Des Meeres Farbe vergisst!

LOTUS ENTHÜLLT

Denn Schreibtisch ist alltagspraktisch
Weil erstens genau hüfthoch
Und hart ist total funktional
Damit sie danach sofort
Wofür wir ja schließlich zahlen
Desto gebutterter weitertippt grandiose
Zehnfingerartistik durch Zusatzfaktor

Sogar Diamant
Autistisch eingeschlossener
Geist im Kristall
Auch der über sich selbst kann der

Hinaus kann er nur durch DOTIERUNG
Hinaus wie Bill Hamilton der seinen Balg
Durchstößt und auf ewige Tage
In Urwaldwundern herumschwirrt

Deckflügelglanzprangend
Durch KOPROPHAGIE
Feinsinniger schon Sacchis reichlich
Ambiguoses Arrangement

Du schöner Gott gib
Mir das Recht dort wo du zeugst dich
Anzurühren bis es die Augenäpfel spüren und
Was dein Aug ist mein Geschlecht Schönheitsliebe

Des Virtuosen der schräg die Kastratenhand
Zum Cembalospiel an *Apoll* hinunter-
Führt wie verlockt zu frivolem Ballspiel
Kunstdinge scheint es exorbitante

Schönheit erlangen sie nicht ohne Lüste
Wie eingedenk dass jedwedes Gebilde
In eines KONTINUIERLICHEN FELDS
Tiefenbezirk Schmutzeffekt ist

Gott nämlich Leibniz bezeugts *Gott* wandte
Vollkommenheit an seine weltlichen
Kurzkreationen so viel wie das Universum
Davon aufnehmen kann

Wobei wir schlagartig an vielfache
Bierkästen denken die dieser kernige
Exknacki freitags zu uns herauf auf sich aufpackt
Direkt aufs Huren-Tattoo und wie viel falls der mal gefällig
Hinaus über sich für gut Trinkgeld wie viel dann
Sein Universalweib von unserer mordsmäßigen
Vollkommenheit aufnehmen kann

KONTAKTGESCHEHEN

Fernebenenvermessung
Durch aneinandergefügter Spiegel
Mehrfachreflexion
Und ereignisverlassen
Mondproben oder ein Meteoreisen

Sieben Metalle der Seele –

Nächtlich durch Schwächezonen
Von aufgeschlossenen Formen
Noch Wärmefluss
Wie aus Primärregionen
Groß ruhenden Sommergrunds

Spannt die Schwere zu Saiten –

Doch wo der Morgenstern
Kreisend durchs Jahr geht
Entwirft sich die Frührose
Ihrer konstanten Gestalt
Blutroten Schatten

Löst euch ihr Saiten in Wellen
Die das Metall überschreiten

LANGFRISTIG

Kreuz nun und quer über die unkartierte
Grünfläche hin ein Grashalm
Genau wie der andere so sind wir
Bald entdifferenziert und unsere schwankende
Himmelfahrt handbreit wird sie
Über dem Nullniveau anhalten
Und trüber Maulwürfe Höllentrichtern

Qin Shihuangdi fromm
Die eigene Grabeshalle
Sternbilderüberspannend ließ er
Ihn imitieren den *Götterraum*

Welchen die Hindu-Weisen
Wenn sie die Augen schließen
Ausgreifend mit *langsamem*
Atem sich einverleiben

Wie denn der Welthintergrund
In jeder FLEISCHFASER
Identifizierbar Reste abstrahlt von
Frühfeuer die wunderbar

Heil euch der Vorzeit
Helden die mir das Herz berührt und
Einst dem so Erwählten die
Knabenhand geführt hindeutend

Aufs Vlies das goldene
Traumtelos der Astronauten wenn sie
In STAHLTRANSPORTTONNEN
Hoffen sie Schöpfungsmörtel zu holen

Sakraler Erwartungsstruktur
KLOBIGE KONSTRUKTION
High-Tech-Verschraubung
Pneumatischer Streben denn vor

Jahrzehnten die damals profane
Schweine nur glaubten
Nun staunen sie übers prophetische
Brausen der Eichhaine

Das wenn wir es hochhalten
Hier unser Handy mit Inlet
Aus Tarnkappenmetall das äonenlang
Unspektakulär in der Erde
Im Licht aber avanciert es mit vertikaler
Geburtshilfe uneingeschränkt
Hören Sie? Nein? Blättergeraschel!

BRESCHE

Das Stirnhirn als Sperren-
Bauwerk wo Schlangen entsorgte
Baumschlangen einbrachen
Baumschlangenköpfe: und ziehen dass er
Heraufdämmert Schmerz hinter sich her

Dies Schiff schon schlug es leck –

Aurora der Totenplantagen die
Werfen mit Halbschatten nun
Wundbrände
Wo eine Stelle fehlt
Unter den Rippenbögen

Wie strömt herein das Meer –

Staub Korn um Korn endlich
Zu Sonnennähe hinaufgereift ein
Komet: der atemporös
Stirbt er in seinen
Scheitel aus Schauern

Das Meer voll Himmel wo erschreckt
Mein Schiff kieloben – fährt

WER POREN HAT

Pelzmäntel jaja schon gut no go
Heilige Tränendrüse nur
Wozu eigentlich diese Fellfurzer sonst
Da auch ihr Schöpfer selber einst aber was tuts
Sowieso klar stehen wir auf Cotton
Sandstrahl und statt in der Furcht
Des *Herrn* auf Duzfuß mit Primark doch

Dünnhäutig noch in Hosen
Bleibt Haut die in jeder Sekunde durch-
Schlagen ein Zentimeterquadrat
Rund sechzig Milliarden NEUTRINOS

Von Fremdschmerz einmal zu schweigen
Der aktiviert wie man sagt
Durch schiere Gegenwart HIRNREGIONEN
Dieselben als wär es ein eigner

Und Traumpfadverwobene gar
Schicksale sollen sie fern wohnender
Vettern im Inneren zeitgleich
Einer vom andern erfahren

Lebensflut

Meiner Glieder Woge die steigt

Und fällt fühl mir das Herz der Brüder wie es ihr

Leid erzählt ja ein absolut

Selbstloses Selbst

Wunden der Welt würde es totalisiert

Aufnehmen bis seine Liebe

Sternsphären noch überwölbt

HIMMLISCHE MARKER für Seekarten

Welche samt allerlei Fischen und Schiffstypen

Augustin Osmond wachsam

Als Zeichner festhielt auf seiner Meerfahrt

Nicht aber einen einzigen jener

Vierhundertsiebenundachtzig

Stück Sklaven im Schiffsbauch

Was heute wir lückenlos aufklären

Durch Funk und TV-Besuch

Zum Beispiel die 17-Cent-Bangladeshis

Notlicht auf null dazu eine Spur

Rauch die sie hochschreckt

Und raus aus den Löchern das spillrige Rudel

Faulpelze hui quieken die feigen Säcke!

VERKNÜPFUNGSMUSTER

Heraldische Blattspreiten
Hochgelbe Blütenrispen
Gliederndes Knistern üppigen
Glücksüberschwangs im Gelingen dass es das
Sanftmutdunkel verbraucht

Nicht was den Schmerz bringt !

Auch Vegetation einem plutonisch
Durchstrahlten Inselkörper
Zart atmend zugemischt
Steilflankig wo in den Eruptionskegeln
Der Glutkeil ansteigt

Nicht was den Schmerz spürt !

Nur Fische mit Bernsteinblick
Die wenn sie spüren wie zwischen Wunde
Die Spannung und Schlund
Im Salz sich zu lösen beginnt
Still stehen sie in der Welle

Mund muss ich sein ein Mund der trinkt
Während das Herz getrunken wird –

SELBSTHAFT

Excipial Loceryl Granu Fink
Und unser täglich Posterisan
Lafax und Phytohustil
Gibt es heute für Reizhusten Tröpfelharn
Nagelpilz Darmgas und Hämorrhoiden
Topfit unser Body schon seit er fötal
Designoptimiert

Denn rechts Plattfuß links Klump
Zu Lippen- zu Kiefer- zu Gaumenspalte
ANÄMISCHE SICHELZELLEN
Das kurze Rückgrat griebskrumm

Wenn negligeable vielleicht
Für einen Pharao aber die *Seele*
Golden die Sonne
Nicht weiter geleitend ward Fleisch

Als Schauplatz von *Sinn*
Und postreligiös Petri Rom ohne
Heilsmittelkredit was Lösung bringt
Schläfenregion ists und was bindet

Phoenix steig

In den Atem Fische sinkt

Nun ins Blut tilg mir des Todes

Schatten kühlt mir des Lebens Glut huldreich

Per TEMPORALLAPPEN die mit vierzig

Hertz ihre Gamma-Zygoten

Austragen ob sternbilddurchhellt

Wellenleib sich gebiert

Megaloevolutiv und Gier

Angst und was sonst den Weltgang

Anfixt zum Hexenritt

SYMMETRISCH NEUTRALISIEREND

Schließt er zu reinem Schauen

War es der Liebe Lid

War es des Leidens Lid

Über dem *Schöpfungstraum*

Verhaltensgestalt

Die wie wir wissen

Hochgradig asozial

Dringend der Therapie bedarf dieses

Cross-over von signifikanter

Ich-Inflation bei grenzschizoid

Libidinöser Verdrängungssemantik

AUGENFÄLLIG

Die Kornmagazine wie hohlraumfrei
Mit Scheingewölben der Silbergruben
Verfugt. Marktfähig
Über den perennierenden
Bruchstellen in der Natur

Ach sich losreißen –

Vollzählig die Pflanzen
Entziffert: Zerlegung von
Unteilbarem
In den vereinfachten Atem-
Wurzeln am Gegenhang

Früheres fühlen –

Aus Dienstbarkeit von Maschinen
Aus Schwerefeldkonstruktionen
Stundengeländer-
Wehrwerk vorm purpurnen
Schaublatt der Feuerräume

Eingewachsen sind Stühle
Totenreich mir ins Fleisch . . .

UNTERWEGS

Die souveräne Agilität
Mit Tempo-Turbo oder
Und das Tag für Tag sind ja tatsächlich
Unsere bilateralen Deliberationen
Doch lieber dynamische Just-in-Styling-Ideen
Mit überzeugender Sicherheit – Phaeton
Oder der Fiat und welcher

Den übrigen neueren
Vehikularkreationen
Das evaluierende Maß vorgibt
Wie allen stellaren die *Leier*

Lohn dafür dass sie des ersten
Schnellschiffs Ruderer antrieb
Das *vielheilige Vlies* seinem Zwingherrn
Jenseits des Meers abzupressen

Verstummt aber seit elegante
Salonorchesterchen spektakulär
Flottknotiges wie eine „Wilhelm Zwei“
Hinfidelten zu einem BLAUEN BAND

        Kling noch
            Einmal aus den Sphären wo ein
            Gott die Saiten rührt dass ich tiefer träumend
        Höre was durchs Stundendunkel führt soll doch

    Kaum glaublich die Vierzigste Mozart die soll
        Auf NIMTZWELLEN geleimt
        Im hilligen Köln soll sie das Himmelslicht
    Wow! vierkommasiebenfach überholen

            Und gar noch den KOSMISCHEN ZEITPFEIL
                Der hinten am Weltende versichern
                Studierte Sterndeuter
            Sein Friedhofsfinale anpeilt

    Eunomos aber als bei den Wettspielen
        Pythons ihm einst eine Saite
        Riss eine Grille hat da diskret
    Den Ton eingespielt

Was ja schon damals nicht immer
Daher unsereiner doch lieber mit Hi-Fi-Effektgeräten
    Zweihundertzwanziger Hochspannung auftritt
    Und zuckelt auch nicht mehr Postchaise
Nur um mit einer du Châtelet hingerissen
Auf Wandelsternbahnen falls sie im Neuschnee
    Umwirft

KONTRAPUNKT

Unter der Schwundform
Ausrieselnder Himmel
Es sind Mondschattentage
Im Abgrund der Augen
Und kurz diese Lichtreize

Stille – wie Herbstnachtkühle –

Manchmal noch Rebenlaub
Und auch Johanniskraut
Dazwischen wenn Wind
Einfällt ein Flötenbuchs
Fühlt sich in Fabelfarben

Stille – wie Gräber leer –

Und schon erregt er von ihrem
Unnahbar vergangenen
Fest hier ein paar Tanzfiguren
Spurtreu sich einschwingend
Gespiegelten Wirkungslinien

Stille – dass ich die Stille
Hinter der Stille – hör

SIT INFRA

Und holen ganz einfach uns eine runter
Von unserem saugeilen Überbett-
Monitor die dann genau wie auf Shell-Sweety Curtis
Diese Monroe rutscht die dann rum auf uns wenn
    Wir voll steif auf dem Rücken und
    Schon ist sie ausgetrickst Marilyn
    Und die Zweistockwerkstruktur

Wie sie in jedem Dorfteich Libellen
Mit DOPPELHALBAUGEN auch die erkennen
    Oben nur Himmelsobjekte
    Unten nur sperrige Welt

Wo Dornranken
Sich in die Fersen und mit versteckten
    GIFTTIEREN sogar ein Hawaii
    Seit eingeborenen Tagen

Heil jedoch in der Höhe blüht
Venus im Byssusschleier
    Den Mauna Kea voll
    Schaulust herabzieht

Gieß dich

Aus in meine Augen sei mir Holde

Wohlgesinnt gieß dich aus bis meine

Augen Sterne deines Goldes sind denn schließlich

Heiliges hier kann es und dort locken

Und irgendwo mag auch ein Drache sein

Doch wer von der Blindsicht

Der *Seher* gezogen

Den Traumpfad wer den noch

Wandelt der fürchtet sich nicht

Und selbst ein Eisberg für so einen

Jack wär er kein RAMMBLOCK

Nein nur maskierte Gischt

Schaumspiel allein

Gut nicht und auch nicht schlecht

Aus dem alles ist

Fluffig wie unsere Antiallergie-Decke die wir

Weil trotzdem waschmaschinengerecht

Ganz umstandslos drüberziehn

Husch über den One-Night-Stander

Wenn unsere Prozedur wenn die

Zu unsrer Erleichterung wieder fürs erste

Um ist

RAPPEN UND ROSE

Boreas rappengestaltig
Und quer durch die ackerlose
Endlandschaftssteinigkeit
Dienstbares das er betreibt
Laufrad und Leidrad

Zweifelhaft aber die Weite –

Wo hinter den Dammbauten
Scheinbare Silberbilder
Selbst nächtlichen Lächelns
Die bald im Gezeitensalz
Eintrübend sich auflösen

Masken das Mondantlitz –

Plötzlich im Blütengeschäft
Der erschlossenen Wildrose
Leuchtkräfteverkehr stäubt auf
Duftschirm und diaphan für
Den Schaltkreis der Falterfluren

Lichtkurve komm und beide
Enden bieg mir zum Blitz!

III

Die Knospe der Feuerträume

DAZWISCHEN

Jetzt aber mal Ablenkung her weil nur
Irgendwie Sinnpriester nur die verschmähen
Ewigkeitskapriziert was wir jetzt suchen
Hier gleich auf 87,7 *DIE ERDERWÄRM-*
Nein lieber 93,1 *DES BUNDESGRENZSCHU-*
Mist! Dann eben 91,9 *TRY TO SET* na endlich!
THE NIGHT ON FIRE das ist die Spur

Denn schicksalsverhängt im Valle Antrona
Eng eingeschattet zwischen Gebirgswänden
Sieh Viganella das auch im Winter
Nun Sonne kriegt kraft KONSTRUKTION

Kühn eines GIPFELSPIEGELS aus schlechter Lage
Gute Gedanken entbindend
Hat sichs als Philosoph ausgewiesen
Paradigmatisch wie Sokrates sagt

Oder die Mannazikade
Fünf Larvenstadien dann Tod zwischen
Beiden jedoch Jubel der Lichtfeier
Und noch zu den Sternen *Tymbalmagnificat*

So am Stein

Nicht endend grüß ich eure

Spur Götter in Pigmenten

Glimmender Glasur wobei

Nicht leicht im Plutomilieu sich erhellt

Die Elektronenfährte von transzendent

Plural changierenden

LANTHANOIDEN die abgezählt

Bingo! die doppelte Sieben kundtun

Signifikant analog hier dem

Wahre Mondzeitreime

Hinmurmelden *Merlinmunde*

Ob zwischen Vor- und Herbei sichs wohl ließe

Lockern das Halseisen zu einer geheimen

Klingschlinge für *performative*

Blitze

Wie Schlag zehn wenn erneut

Der Dom plötzlich als Lichtbühne und Protagonist

Mit 3D-Videomap-Götterfunkenfreuden

Designed mystisch illuminiert

Epiphanien aus virtuellem Fassadenfeuer

Und wir prozesshaft interaktiv

Eventifizierts uns zu Colours of Joy

IM GEFÄLLE

Herabfahrender Strahlung
Ereigniszustrom
Der virtuell – Inseln
Da spannen Membranen sich
Auf zu Empfängniszellen

Mond zeig dein volles Rund –

Bodennah abgeschattet
Schlüsselchips intelligent
Mit Maschinenbefehlen – eigenmächtig
Erschöpfliche Kombifahrzeuge dass
Eisern sie raumgreifen

Meer komm zur Ruhe jetzt –

Nur an der Hörgrenze Antwort-
Versuche von Aufwindwerken bis hier
Gegen den Himmel geneigt
Blauton und Turbulenz-
Geräusch korrespondieren

Mond nun vom Meeresgrund
Leuchte mir unbenetzt!

GRUNDGEWEBE

Zerbrechlichkeiten von Kröten
Ach ja und das Nacktschneckenschadbild
In Furchen aus Frühlingsgewürm
Kniefällig hätten wir es zu hofieren
Auch Kornblumenblau wie man hört
Und fuffifilmmäßig minnigen
Mohnwarumschon als ökogetürkten

Kleinscheiß aus *Schöpferhänden*
Halbzahlig wohl gar wie die spinnenden
Winzlinge deren Gesetz
UNMÖGLICHER GLEICHZUSTÄNDE

Das kosmische Fundament
Bzw. eines der ZEREBRALNETZE
Ist es in denen Fischiges
Greifbar sich fängt

Nicht aber das Wasser
Selbst wie es über die Gischt
Emporschwebend im *Glastblüten-*
Bogen sich aufhebt dass

Wahrheit ich sei und
Wunder Python
In Federpracht Lichtleib aus Schlange
Und buntem Paradiesvogel gemacht und

Frei über der Fleischkörperfalle
Der Symplegaden
Nicht sichtbar natürlich wenn einer
EINSKOMMAFÜNFMILLIONENMAL

Laut zählt von Jolkos
Rückengekrümmt kein
Wechselhall-*Sinnsignal* hörend
Bis zum barbarischen Kolchis

Der schmeckt ruderwund nie
Im Salz seines Bluts gebärende
Salzfluten eines erspürten
Vorzeitmeers dem er entstieg

Wenngleich viel weniger straight
Als wir jetzt die von der vierten
Startbahn die Malediven direkt
Und lassen die Nutzholzbezirke
Und ameisenwuselnden Wohnplätze
Cool unter uns lassen wir die immer winz-
Und witziger werden

SENSORISCH

Salzpflanze wie sie verzweifelt
Sich hält – prekärer
Nahpunkt
Im Wahrheitsmodell vermessenem
Von Wirbeln und Dispersionsräumen

Last – und der Nacken blutwund –

In strömendem Endlosmedium
Glasig starr
Halbfisch: Momentgewebe
Unter der senkrechten Kälte
Des Mondsichelsiegels

Last – und der Kopf nicht zu drehn –

Wenn aber der Radkranz
Wenn er erlischt als Nabenreflex
Um einen Leitstrahl Nichts
Windrose – zahllos entfaltet
Staunendes Atemblühn

Last – wär wie Früchte sie rund
Die ganz aus Goldlicht bestehn!

TIERKREIS

Nicht mehr die Augen weidend das Ganze
Am Bratspieß vergiss es quadratzentimeterklein
Steaks kriegen wir bloß oder Mickergramm Hack
Gaumenbetrug und krass weil
Pro Kopf mogeln sich so über die Jahre
Rund tausend Volltiere leider
Inkognito durch den Magen

Subfeldgebrauchsobjekte versteht sich
Die dieser Menschenleib stufenweise
Sagt schon Galen aus niederen
Nährstoffen hinauf wandelt in *geistiges Licht*

Was *Apfel* sogar und *Ähre*
Kosmisch mit Artunterschieden
Der Aura von Morgen-
Und Abendstern lehren

Obzwar auch das lässt nun nach
Seit GROSSILLUMINATIONEN aus Halogen
Seit Animierflimmern die Leitzeichen
Am Firmament überbietet ach

Lass dein mildes Angesichte Stern
Dass es die Nacht durchhellt leuchten
Wenn dem Weltenrichter überführt
Mein Stern verfällt mit leeren

Ertragskonten wie denn ja auch der Betriebsökonom
Von SCHLACHTHÖFEN kontrolliert
Ob all die Rinder d. h. momentan
Einskommadrei Milliarden ob sie die Investition

Aus Penicillin Hormonen und Tranquillizern
AKKUMULATIV bewirtschaften um das humane
Globalgewicht mit ihrem wie anvisiert
Zehnfachen demnächst in die Senkgrube zu reißen

Denn aller Untergang gründet
Was schon Alkmaion ausführte
In Unfähigkeit einen *Beginn*
Den zu verbinden mit also wo er dann *endet*

Weshalb rosa Kochschinkenröllchen
Wenn die unser Standarddinner-
For-Ten-Planets eröffnen
Füglich auch sollten wirs richtig mit
Leckerdessert aus lau abgelöschten
Mopshoden an frischem
Blutstrudel krönen

AUFHEBUNG

Auf hochrezeptiven Feldern
Hemmzonenrückbildung – wenn
Sogkräfte
Wenn sie gekannte Figuren über-
Vollständig machen

War Kalpe mein Werk und Abyle –

Plötzlich mit Schüttergebieten
Des Grundgebirgs unermesslich
Angstpräpariertes Herz
Wo Schadwirkungen durch Segment-
Anzeigen sich lichten

Vorm Ozean sicher mein Boot –

Tempelbaumhaupt und hinab
Durch toxische Sinkstoffe bis
Um seine Einheitswurzel
Funktionskreise schickend: Die
Schließen den Drachenbaum ein

So gebt sie mir wieder die Fülle
Seeungeheuerdurchdroht

INS WEITE

Kompetenzmuster Persönlich-
Keits- und Begabungsprofil wo
Wären wir denn wenn wir in Permanenz nicht
Authentisches Self-Branding postend
Die Datenspuren stetig die also verdichten
Und effizienzsteigernd uns auf ein euphorisch
Soft-skill-kreatives Selbstwachstum hin

Wale z. B. auch die vor Zeiten
Das wissen die weisen Maori
Waren nur Hunde doch irgendwann
Dynamisiert ging ihr *Geist* weiter

Ins ozeanische Raumformat das führte
Direkt zu PAKICETUS zahn-
Bleckend und Stolz des Eozänlebens
Hard-core-carnivor-aspektiert

Wogegen 1601 sein SECHZEHNMETER-
VEGGIE-MUTANT der wurde mit Erdbeben
Sonnenverfinsterung Pest als Findling
Glücklos aufs Trockne geschmettert

Sternenschrift
Durch Weiten Schicksalswink
Aus Licht lass mich dich erdeuten Rätsel
Halb und halb Gesicht progressiv

Günstig dem Geist opportuner
INFORMATION über Strömungsgesetze
Und Blas der wassert zur Inkarnation
Mit Sprengstoff und mit Harpunen

Bewusstseinsstruktur stufenweise
Heraufevolviert seit dem Cro-Magnon-
Wurfspeer in zweischneidiger Harmonie
Mit jenem *kosmischen Geist*

Orions der von Osten her krumm
Ins Herz der *Unendlichkeit* zielend
Trifft prompt aber nur eine Bärin
Zufall und dumm

Leibhaftig die Mutter was heute statistisch
Total obsolet wo unsere Aktivitäten
Im Netz omnipräsent sind
Und wir über Foto-Strecken
Global identifizierbar jedes Profil
Inkl. risikolose Feedback-
Schleifen und Links

ÜBER DIE NATUR

Neu kombiniert die Codes
Die Ketten transgen verlängert
Vielvliesformate
Serienprogramm reifungs-
Blockierter Zielorganismen

Dinge die Dinge als Zahl –

Und digital mit Animationsapparaten
Mit Großbildtechniken eingekreuzt
Pixelkyklopen
Vollautomatisch sich propagierend
Per Reproduktion im Fleisch

Zahlen die Zahlen als Dinge –

Blutrot aber nachts die plutonische
Knospe der Feuerträume
Die schon den Gesteinshorizont
Durchstößt: höhlt das Ein-
Auge des Inselgehirns

Dazwischen wie Spalt
– *dass ich springe*

IV

Abfragung der Blutbahn

BEZIEHUNGSGEFLÜSTER

Dass mindestens zwei von 100 000 Mitgliedern
Und beide mit hand- sowie gesondert
Noch TÜV-geprüften Zeitgleichonlineprofilen
Nicht zu vergessen für Android Mobile Apps und für iPhone
Dass die tatsächlich wir die kontaktieren dafür gibt es
Gibts algorithmenbasiert Erfolgsquoten
Täglicher Quickpartner die

Nur ein paar CYBERSPACE-Clicks
Und loszischt sofort eine Ladung Signalschrot
Die mit Wahrscheinlichkeitstreffern haltlose
Einsamkeitshorizonte bepixelt

Feinkörnige Materialisation der Sage
Wo eine *Ursprungskugel* zerspalten
Halbmensch nach Halbmensch strebt
Wegen des Gleichgewichts auf der Waage

STABILER IDENTITÄT – versinkend
In Depression falls er leer ausgeht
So kategorisch ein Teil des anderen Heil
Durch Seinskorrespondenz wie Wort und Ding

Sehne

Mir im Kehlkopfbogen spann dich auf des Pfeiles

Ziel mit der Mitte aufgewogen stürz ich

Wenn er sie verfehlt denn

Paradigmatisch seit je *Jungfer Müllerin*

Die Stroh zu Gold spinnend richtete

Sie beinah zugrund sich mit Rippenbiest

Heißest du Hammelswade traf aber immerhin

Vollwichtig das Wort dann bei Hase

Und Fuchs während manch andre durch riesige

Strohhalme bis in das Hintergrundsloch des

KOSMOS hinaus müssen sie lauschen ein blasses

Nachrauschen nur einzufangen

Aus goldner Zeit da der *Herrgott* noch

Antwort auf Adam war und Eva

Frage der Schlange

Affektappell wie er spät wenn wir zögernd

Die Herbert oder Oranien wo grell devianter

Gewerbefleiß unüberhörbaren

Gruß gurrt und auch unser Eigenheim nachts

Stumm blieb es steif ohne die Streicheltöne

Von Lust-Phoni-Yoni und ach

Tele-Irene

EINSTRAHLUNGEN

Der äußerste Fels
Ein dunkles Wagnis
Und Aufwärtswandlung
Ins oberirdische Farben-
Gewebe von Florenzonen

Unter des Frühmonds Pflugschar –

Und dann Abendfalter
Die auf mäandernder Duftspur
Trübungseffekte da ist viel
Vorläufiges: Wie es wandert
Zum Leuchtband des Lavadeltas

Unter des Spätmonds Sichel –

In den Passatwolken aber
Konfigurale Erregungsmuster
Stabiler Blitze – die
Spielen mit blühenden Flügeln – die
Spielen noch nicht und nicht mehr

Mondernte bin ich – schneidbar
Bis auf der Ähre Licht

FARBSPIELE

Blümelein blau irgendwie
    Wars ja als Bringer bloß Ausfall
Jetzt aber unser Indiumgalliumnitrid-
        Diodenlaser 405 nm Blaustrahl
Der zaubert voll abwärtskompatibel
            Beliebige Inhalte dieser gewandte
Abstauber von einem Karriereding

Da doch aus *irisierender* Wolkenpracht
    Von Griechen verbannt
Von Römern als raue
        Barbarenfarbe verachtet

Schließlich zu Ultramarin
    Purifiziert tief aus dem Schmuddeltopf auf-
Stieg Blau auf die gebenedeiten
        Schultern *Mariens*

Heut noch vom TAUSENDÄUGIGEN Argwohn
    Der Altgötterregentin abends begleitet
Der diese Nachfolgerin wenig passt
        Auf fromm usurpiertem Thron

Schlaflos lässt mich ein
Trauern nachts auf zum Himmel sehn lass
Dort Sterne mich schauen tags die nicht
Untergehn denn vorbei

Ach Goldgaben wie sie seit Warnafeldzeiten
Aus finsteren Erzteufeschichten
EINHUNDERTUNDACHTUNDSECHZIGTAUSEND
Tonnen empor sich geläutert

Göttermacht hierher zu laden
Epiphanierend wenn eine Heldenfaust
Untiere bestand oder die zarte
Kindbraut den Gatten

Fort aber dennoch währen im wechselvollen
Weltmeer gelöste unendliche SECHS MILLIARDEN
Fließend wie Licht und der Sehnsucht
Nur ihr sichtbar als Gold

Wobei für den Hausgebrauch
Wenns denn liquid zugehn soll tuts
Unserer Sehnsucht Lysergsäurediethylamid auch
Goldener Effektkörperschuss
Mit Palme Päonie Komet und wow!
Die Finger und vorn schon am Fuß
Da blühts lapislazuliblau!

SÜDSTÜCK

Verzerrt überall in Schmerz-
Interferenzen von Gegenschein und
Gestirn mattgraues Granatbaumgeäst
Vergeblichkeitssignatur trocken-
Gefallener Hegeregionen

Zweige im Wechselwind –

Fehlstellen aber durchsetzt ist
Das visuelle System
Und generiert Notbrücken-
Schaltungen einer
Zu kurzen Zunge

Frucht immer wieder fern –

Pfingstliches Licht in Schwing-
Kreisen wenn es herabtanzt
Über den Staub der Planetentreppe
Zweibeinig Ursa Maior
Am Ring des Saturn

Vogel vor Hunger blind
Sing mir den goldnen Kern!

AUF KURS

Erst schnell ein E-Mail-Happen
    Und gleich los zum Office wo
Daxein daxaus in Permanenz unser global
    Agierendes Tele-Networking obwohl
Wir ja betriebsbereit nachts
    Direktzugriff auch im Bett gewohnt
Jetzt aber gebreakfasted durchs Arrangement

Begrünter Quartierkastanien
    Zum Roadster mal Schongang
    Ruhiger Puls Gehirnwellen
Im ALPHA-MODUS entspannt

Und PROTOKOLLIERT mikroexakt
    Auf Formblättern die zählen
    Zu 30 Millionen Bäumen anno 06
Allein in den USA dafür abgehackt

Fatal instabil bricht sich
    Der Phänotyp des Objekts
    Am NOUMENALEN PRIMAT
Worüber erhoben einzig

Albatros der
Südwärts hin zur Heimat
Zieht hier aus meinem Herzen
Hack ein Tangilied denn die Matrosen

Der Südsee nur wenn sie dahinsegelnd
Durch jede Ferne im schwersten
Wetter noch *hochkehlen* Klan-Gesang
Schuldlos auf ihren Inseln

Wohnen sie wieder und auch
Nahe dem *Ursprung* hört man
Des Sprechens selbst das magisch
Ins Auge sang was das Auge

Nicht sehen konnte Delos z. B. ortsfest
Unter dem *Lichtgott* einwachsend
Im Meergrund und schieres
Gold was bei bestens

Geschmierten Connections – Mann!
Wenn wir routinierten Parkettierer
Wenn damals wir diese Chance
Gekauft hätten wir doch sofort und das antiquierte
Zeug liquidiert bei gepushtem Höchststand
Weil Kurse glasklar die repräsentieren
Geil Geld aber das man nicht sehen kann

ZUMINDEST DREIDIMENSIONAL

Stoffwechsel er ließe ja langsam
Herunter sich regeln bis schließlich
Der Brustkorb der Kosmos
Ganz ununterscheidbar Atem-
Höhle sich entmaterialisiert

Ein Aug Sehnsucht nach Licht –

Aufsteigen selbst mit Skeletten
Aus Stahl will noch Beton will sogar
Glas zelebriert – Stock für Stock – den erdienten
Triumph über die Schwere
Unter Gesetzen des Materials

Ein Aug der Zeugung trauend –

Unter dem kreisrunden Azur aber
Zentral ein Hebel der wenn ihn endlich
Die Hand freigibt – wie Wetter
Hui! fährts da hinein in die Ketten und
Aufblitzt das Kindergesicht

So von der Brücke lasst mich
Im Strom den Adlerflug schauen!

THEOREM

Und das obwohl doch gewöhnlich
Ist eine Gerda dazu auch ein Maxilein da
Samt Eigenheim mit der erhöhten
Hemmschwelle sodass aber es gibt sie ja
Die Versuchung die uns blitzplötzlich
Direkter Blick Herzüberschlag
Dem also zu folgen wenn nötig

Bis Thoms KATASTROPHENFALTE auf der
Sogar der Aufrührer schwankt
Der Brecher indeterminiert stürzt
Und kippeln die Polymere

Eigendynamische Chaosfasern
Schöpfungsfrüh eingeschwärzt
Kreuzquer in die Ordnung
Kosmischer Harmonie sodass der

Einsiedler als reines Verneinungswunder
Die tiefste Verantwortung
Die übernimmt er in bleichem Verzicht
Ausgleichend das Energiefeld und der

Leere

Still geweiht ordne er mir lichte

Fülle Kraft und Gnade Heil und Zeit

Erdenleid und Götterwillen denn der

Gab Vögeln weiß man zum Innenohr

Gab er im Beckenbereich jenes zweite

Organ für das GLEICHGEWICHT herrlich

Um Schönheit des Flugbilds besorgt

Und selbst die Materie in ihrem vergeblichen

Urstreit mit Gegenmaterie

Einmünden sie beide in STABILITÄT

Unvernichtbaren Lichts

Wie die Trojaner die rossegewandten

Und erzumschienten Achäer

Welche die *göttliche Tyndaride* klagend

Stillstellte in ihrem Doppelmantel

Aus haltbarer Leinwand wo kopfschüttelnd

Auch wir noch bestaunen dort unserer Tage

Helden die zelluloidbürtigen

Paolos die der Natur einmal zu ihrer Qual

Grad in den Abgrund geblickt und überdrüssig

Wegschenken sie ihre Fabrik und wanken

Nackt in die Wüste

UND GLEICHGEWICHT

Die Haftfäden – wenn sie an ihren
Tragbäumen nachlassen
Schmerzlich die Blüte
Über den absterbenden
Werken erblindet

Herbstbehang der nicht reicht –

Stets ist es Wurzeldürre
Sind es die hohlen Kronen
Die eine Würgfeige
Vergebens mit epiphytischen
Schwellfüßen umschlingt

Quer in der Kehle Gier –

Aber versprödendes Blut
Durchs Schläfenfenster erfühlts
Den Übergangsbogen – der
Auf Freiflächen gestützt
Den Salzbesatz aussüßt

Hängt mich kopfunter – vielleicht
Fällt die Schwere aus mir

PSYCHOSOMA

Auch leugnen wir nein ja nicht dass wir
Oft zeitweilig depressiv ab-
Sacken speziell paarweise doch manövriert
Man uns mit Kow-how irgendwann
Erst durch die Lustinstanzen dann Skinners
Response zuletzt aber als Partnerschaftsmakler
Das Evolutionslogbuch siehe

Ein portugiesisches Rumpfschiff
Als Dhau getakelt
Mit Nordmannruderwerk hinten –
Modellhaft INNOVATIVE

Dreistufige MATERIALKONSTRUKTION
Zur Christenconquista von Indien
Siegreich im Orbis Terrarum doch die Gewalt
Über die oberen Zonen

Die haben durchs Dunkel reitend
Shaktis und lingamgestaltig
Des Shiva *Gottflammenleib*
Noch inne bis heute

Sternenfeuerpaar das kein

Tag beendet bleib dem

Herzen wahr wenn der

Tag mich blendet ja einige

Elfenbeinküstler die führen gar irreparable

Beziehungsprobleme auf fortlebender

Ehegesponse Nachgroll im *Jenseits* zurück

Die sie verstoßen haben

Wen hier aber zu zweit mehr als die nackte

KÖRPERFUNKTION plötzlich beglückt

Ereignisverlassen nicht einmal das Zitat

Einer Metapher wagt der

Und kratzt sophistisch

Am goldilluminierten Plato

Bis übrig vom Doppel-

Leib nur noch die Bockshaut ist

Die Phoenix dann für uns abstaubt

Um Zeitgemäßheit zu erproben

Festkörperaffiner Phantompfau

Durchs kosmische Off zu Klon-

Doubletten zusammen uns zaubernd

Dreibeinig mit Zuschauerhoffnung

Liebe zur Story und Medienglauben

UNSTET

Am grellen Mittag
Zufall aus einjährigem
Grünkraut
Fühlbar sein Schattenwurf der
Zeigt Nord

Ohren – voll Sang von Sirenen

Groß träumend
Über dem Haupt des Drachen
Die Eigenleuchtkraft
Wie sie mit extraterrestrischem
Fuß triumphiert

Augen – von Hoffnung leer

Durch jedes Dämmer jedoch von
Prallhängen bedrängt
Nur Fluss … und sucht
Für Farben und sterbende Sterne
Sucht ein Gedächtnis

Halade Mystai! Tränen
Die Tränen wollen ins Meer –

ZWISCHENRÄUME

Nichts nämlich wenn unsereins
Hautnah mit anderen ob die
Nun rudelgucken Fanmeile
Playground Arena Beach
Nichts fehlt mehr wenn partygeil
Body an body sich aufmischt
Wie denn bereits

Pindar der fromme Festsänger
Als ihm die Seele sich ablöste nicht
Vertraute er da auf *Psychopompos*
Allein nein auf die wärmende Menge

Und Knie an Knie auf den Liebling
Denn die *Unsterblichen* selbst den Frommen
Nahten sie kaum mehr nach Menschenweise
Einsprechend wie ehedem üblich

Sondern gen Osten verzogen haben sie
Viel später erst wieder herbei sich
Gelassen zu SPAZIOSPHÄRISCHEN
Lichtepiphanien zwischen den Schläfenlappen

Lass mich nicht allein atmen
Auf der Matte Allraum lehr mich
Sein leuchte meinem
Atem

Vorbei nämlich Götternähe
Seit unwillig der *Wogengott* einst
Die eichebeplankten fünfzig
Argo-Heroen erspähte

Und zog grollend zurück sich aus einem Leben
Mit Aussicht irgendwann künftig
Fünftausend CONTAINERLADUNGEN
Bugwund auf seinem Rücken zu schleppen

Zumal über Kreta gerade den Howard Hughes
Präfigurierend und andere DÜSENNOMADEN
Ein Flugapparat dem Sandalen-
Flügler die Botschaft verschlug

Wodurch heut noch ein Lautloch auf-
Träte vielleicht wenn unsereins nicht Scott Travis
Der also aufs Kit eindrischt oder auch
Krass Judas Priest seine Hard-Core-Performance
Die laden die Soundlöffel mit Underground
So voll laden die die dass man nicht andere
Message noch braucht

VERSUCH

Kalkfigurationen und
Akkumulierte Gesteinsknollen
Gegen das – inkommensurable
Nichts blindlings ein
Eigengewicht balancierend

Wind immer unsichtbar –

Und sanftere Unruhen
Der Seerosenzonen
Gestreift von Gedächtnis
Wo bang ein amphibischer
Schmerz stirbt

Röhricht rauschend im Ohr –

Aber die Steilwandabfolgen
Der zahlfabrizierten City die
Leeren Raum öffnen sie mit
Genormten Blöcken … in den
Gefiltert ein Teilstrahl fällt

Rohr schnitt ich ab um Rohr
Es auf den Himmel zu richten

SURSUM

Ja so ein sauberer Gold-
Junge wie der aus der Schweiz wenn der dann
Zuletzt doch gegen diesen Negroni
Oder wenn Schlag-Raab
Sogar Diplomsportler mit seinem Eisstock
Hinauf bis in die Halsader
Kitzelt uns da die Herzkurve holla

Ganz PHB EIBSEE mit seligem
Spitzgipfelglück für alle
Ausnahme die obligaten
Paar Schwindelanfälligen

Die raffen sich ihre Hochgefühle
Als Extraration vom STRIATUM
Jagdrevier Kramland
Mit Markentrophäen vom Wühltisch

Schlitzäugig umetikettiert wie die verlausten
Lattenverschläge um Samarkand
Die *Timur der Held* hochadelte
Zu Rom Paris und Damaskus wahnholzgebaute

Hütten zu Stein
Erhoben Steine aufs Wort gestellt
So zu den Göttern droben Sisyphus
Wälz ich die Welt wo einst

Einst doch vom Jordan ein *Regensinger*
Mit Flammenwagen und Feuerross
Sturmgleich hinaufgebraust über die Häupter
Von fünfzig Prophetenjüngern

Bengalischer Pomp gegen die intramentalen
Oszillationen heutiger Gläubiger
Durch 40-Hertz-Kicks im GOD-SPOT
In Grenzzustände verfallend

Unwiederholbar dennoch das Schläfenpochen
Atemloses von damals als *Halbgott*
Herakles koloriert
Heraufstieg aus seinen Haferflocken

Jetzt epiphan 3-D wie die anderen
Z. B. Achill als Brad Pitt
Wenn der diesem Troja-Spast
Mit seinem Haumich eins überzieht
Hui hüpft uns der Hammer schon mal
Weil nämlich auch hier lungern genug rum die

Aber egal!

WAS WIRD

Voll kontingentem
Getier die Bodenzonen
Eingekreist von gefrorenen
Formen. Und dem zerteilten
Zustand der Zeit

Selbst sternenfunkenschwanger –

Zerleuchtet im Wolkenkern
Kraftlinien – all die geraden
Des Dreistrahlsystems
Das gezielt eingriff
Ins Wechselspiel der Gewebe

Selbst sonnenfeuerkreißend –

In Blühorganen ein
Vogelfußtraum … der umfasst
Die Abstammungsachse
Wie sie die Gattungen schon ins Rot-
Glühende übersteigt

Wo wären Schläfenzangen
Mich selbst mir zu entreißen?

IBANOI UND BAJAU

Nach Luzon z. B. wo diese Ibanoi mit
Echt traditioneller Höhlenbestattung
Schrumpfmumien in winzigen
Holzsärgen das wollen wir hautnah
Müssen wir das erleben da wirds
Voll gruslig trotzdem am sakralen
Grufthokuspokus natürlich nichts dran ist

Fake wie der Götterberg
Bei den Amungme-Papua wo nicht mal
Das erzclevere Know-How
Von Freeport *Hochheiliges* bemerkte

Ja das Lisianski-Riff offenbart
Heut selbst einem *kahuna lapa'au*
Sein Zauber dass er nur tausendschichtiges
Käsbleiches Knochengebrösel war

Aus Teilen von Teilchen die werden
Unter dem Mikroskop demaskiert zu NICHTS
Und ziehn überführt dann als Windbeutelei
Das ganze Weltenriff hinter sich her

Endlich frei von aller Schwere allem
Schwere-Los Herz sei
Wie der Himmel leer und wie
Der Himmel groß denn glaubt man den Zahlen

Extrapolierender Astronomen
Und ihren Rastermethoden genau dazu erzieht
Der Kosmos von sich aus bereits
Durch akzelerierte VAKUUMEXPANSION

Seitdem die Sternbilder vom providenziellen
Seelenballast befreit
Mobiler sich fühlen und dafür
Sternlos die *Seelen*

Und so konzipiert wie Matsushitas geniale
Maschinen die unter ganz simplem Schlitzzieher
Dreht man ihn dreimal um
Schon in die WASCHZWISCHENRÄUME zerfallen

Nullen gewissermassen mit dezidiert ominöser
Einser-Tendenz da der Triumphzug
Ob Thales ob Darwin der Körper
Ja immer im Wasser beginnt und so Naturburschen
Sagen wir die Bajau wenn sie vom Einbaumbötchen
Nach Seetang sprangen durchaus lurch-
Nackt vor uns auftauchen können

SPIEGELUNGEN

Erschöpfte Vulkanböden die
Fragen mit ihren Trockenrissen
Vergebens die Blutbahn ab
Flammender Storchschnabelbänder
Wie sie die Segler vertäuen

Sonne die Mittag zeigt –

In schlüpfenden Prachtfalterflügeln
Kassiber die Unterweltsdunkel die
Viel labyrinthische Schrittfolgen
Für Märchenfiguren die leiten zum zitternden
Glanz der Entwandlung

Brunnen bei Vollmond gegraben –

Über dem Stundengebälk tauber
Tobboden für Schwefel-
Blitze die tanzen. Galopp mit Blitzen
Wie Pollen gold bis unter dem ersten der
Estrich bricht

Brunnen – darüber geneigt
Einmal die Fülle haben!

V

Aufwind aus Federn
Schäumendes Spiel

TIERLIEDER

Haribo macht singen die mit den Goldbären
Uns ebenfroh aber aus so einer dummschlauen
Somatopsychodigestionsexpertise nun müssen wir lernen
Hari auch aggressiv hysterisch und traurig
        Macht es weshalb unser Lied nichts als Leerformel
Du lieber Gott! Was haben denn diese Süßbauch-
Ausschnüffler bloß gegen die Leere?

                Ein Leib prall im Fleisch und dann
                Die LEERE ganz abgesaugt
                        Ein Staubkorn
                Bekanntlich

                                Nur wenn als Tausendmillionenklon
                                Sie ihrerseits absaugt und in HD-Form
                                        Dann expandieren wen wunderts
                                Sprachlose DEPRESSIONEN

                Wovon jeder Zwanzigste schon betroffen
                Kopfhängend Starrkrampf der Mund
                        Im Einsamkeitsmeer ein Wrack
                Und irgendwo *Flügel* die letzte Hoffnung

Ihr die ihr im
Höhersteigen schwingenschlagend
Singt Schwäne macht dass meinem
Schweigen sich ein Gruß entringt respondierend

Dem ruffreudigem CYGNUS CYGNUS
Zu Tonreihen nämlich von reinem
Posaunenklang muß er den Hals
Lang ausgestreckt seinen Kopf hochdrücken

Beobachter dann animiert das meistens
Zu fast paralleler Körperhaltung
Und nun gar der Gesang genuin
Ästhetischer Schwäne heißt es

Vom Avon oder *dirkäisch* aus Theben
Bis in den Kehlkopf empfindet
Der Zuhörer da muskuläre
Spannungen und sympathetisch dieselben

Weshalb um so noch effektiver die uns vertraute
Vollpartizipation an jenem anthropogenen Refrain
Oralretrograder Verzückungsschauer
Der kollektiv zum Ganzkörperreim uns verklärt
Und wow – schon brauchen
Wir nicht einmal mehr unsere Bärchen
Selber zu kauen!

IM REVIER

Felswände überprägt
Scharfgratig mit Riesenrippen
Sandboden hoch-
Wogend in voluminösen
Weichteilen von Wanderdünen

Lass Schweres sich wölben –

Weit offen die Lockvogelvoliere
Dass glitzernde Staubwirbel
Wenn sie hereinwehen
Ihre Beringung dass sie
Vergebens gelingt

Flieg ohne Gewicht –

Blickfangende Bilder
Und Energiefluss zuweilen
Hinter der Blut-Hirn-Schranke
Mit Glück integriert er senkrecht
Entflammbare Fasern

Sei Nacht und dasselbe
Wandellose Licht wie ich!

AUGEN AUF !

Lederne Accessoires Schmuck-
Applikationen aus Bronze wie
Peinlich weil upps!
Weiter schon ist die Welt die will
Streetwear reloads High Fashion und
So sind wir jetzt definiert
Galaxy-Print auf der Brust

Denn aus dem Genvorrat
Zufällig nicht trat hier
Ein SEHORGAN aber auch dort auf
Das appliziert sich Primaten

Vorn und verbot der *Prophet*
Von Samos den Seinen genau
Deshalb beim Aufstehen früh
Den Abdruck im Bett

Oder Sir Isaac seinen spurenden
Blick hat er auch nie
Zurück auf die Pestleichen gerichtet
Nein immer hinaus ins *Sensorium*

Raum mit galaktischen Augen über mein
Schauen gebeugter nimm mich
Hinein in dein Schauen dass es
Die Augen erleuchtet Aufschein

Prästabiliert harmonisch
Von Welt und Selbst ein Prozess
Der *Schöpfung* implementiert als
Aufstiegsspiel Information

Vom Echo des primordialen
Knalls
Bis replizierende MEME
Medial ihre Spiegel entfalten

Und stetig wie sie mit UPGRADES
Am Fortschritt des Himmels teilnehmen
Stellen sie lichtgleich die korrespondieren
Die Koordinaten der Gattungsseele ins Netz

Wofür Life-Logging (Ausweitung
Psychischer Transparenzbezirke!)
Die subjektsensible Basis mit seinem
Was für ein Typus heut? Semifragil oder sind wir
Eher rigid? Und klar oder weich der
Lidstrich damit er den Slipschnitt
Progessiv unterstreicht?

WENN DOCH

Unter dem Lid mohnrot
Dann einst das Ringsystem
Des Saturn und bräutlich
Tritt sie herein und kalt
Die Herrin der Gräber

Tauben – Aufwind aus Federn!

Grob aber ein Eisengewand mit
Zugmechanismen welt-
Offener Schuld. Die selbst ein
Kenterndes Segel
Nicht gelten lässt

Delfine – schäumendes Spiel!

Zuletzt dann das Stützwerk
Pneumatischer Schaukonstruktionen
Höheverbündetes Kultpyramiden-
Gebröckel und grau den Gesetzen
Verfällt es der Korrosion

Erdbraune Zapfen der Zedern –
Weg zeigt auch ihr mir und Ziel!

ES GEHT RUND!

Zwei Nächte zombig die Marathon-
Live-DJ-Sets bis uns die Erbsen brennen
Techno-Electro meets Indie-Cross-over
Plus Pussy-Muschi-Show-down aber ab zehn
Arschbacken zusammen und Organisation
Controlling Prozesssteuerung etc.
Saucoole Durchsetzungspower

Was allbereits Vorgabe ist
Des NORMATIVEN PLANETEN
Links diese Venus glutheiß
Rechts gleich der Antagonist

Doch geht sie zu toppen
Die Vorzeigekugel wie sie herumkreist
In langfristigem Gleichmaß denn KAPITAL
Das optimiert sich wenn um den Globus

Clever getimed ZEITMANAGEMENT
Als Heilsökonomie bis Tuválu
Dem kaut der Pazifik am Konto
Mit steigenden Außenständen

Schlingflut der sieben Meere wenn ich das
Mahlwerk schau und schon den
Todesschrei höre ich wollt ich
Tränke sie aus mitsamt den fast

Dreimalzehntausend Gratiskreuzfahrern
Der Tanzentchenflotille
Quietschende Müllstrudelspaßvögel
Blind für die *Stella Maris*

Symptom wohl auch kollektiven Wahns
Für Peter Buchholz die Irrwege
Des Ozeans tauschte der gegen regelgeleitete
Eintöpfe vom *heiligen Franz*

Zu volltransformativer Nachfolge die ähnlich
Wie auch die *Gottheit*
Selbst unbezweifelbar
Ein Wahrnehmungsphänomen

Ganz ohne den Haptizitätsbonus
Unseres F-Typs der wenn wir vorfahren
Da lassen die Damen so Opel-Softies
Halb nackt noch kalt abkacken wir aber
Kurz aufgeblendet und prachtvoll
Hart poppen denen die Bugwarzen
Wie Triebwerkfrontkolben!

ZWEI ENDEN ZUR SCHLEIFE

Ganz ungehärtet die Existenz
Kleinblütiger Wildkräuter
Und unter dem Pechglanz
Von außen angreifender
Eiserner Reifen

Wunden sie bluten uns blind –

Wahrnehmungsaufgabe fremden
Gefühls – dass eine Führhilfe
Gleichsinnig
Schwindendem Wind – dass sie
Der Schwere schwach widerspricht

Blind müssen Augen uns weinen –

Bewusst aber der Schlange
Gespaltener Kuss: Wenn er die
Doppelfigur die
Öffnet sich auf den Grund
Wo Unberührbares aufscheint

Füll mir die Wunden mit Tränen
Bis sie uns Augen sind

SEESTÜCK

Und kurz vor zehn Richard wenn wir dann
    Den sehen grad noch ein armseliger
    Schlucker und jetzt wow! weil vor aller
Welt dieses Traumschiff das er
    Für sich ganz solo und seine Bea
    Klar dass auch wir da ganz eng
Zum Flimmern der Sterne mittanzen

Fernselbstverstärkung der Psyche
    Doch was heißt Verdrängung
    Wenn Black Box wogegen nur repetitive
ZEICHENSEQUENZEN absichern

Was im Prinzip ja schon auf die blinde
    Abwendung zutrifft
    Womit die Moai einst die *Meerflut*
Abwehrten von ihrer Insel

Denn nur zu zeitweiligem Ritual
    Hellsehend aus *Abgrundsschatzgut*
    Ward ihnen ein Augenpaar
Kalkweißer Korallen

Sagt was ihr in
Ursprungstiefen saht an Wahrheit
Saht an Trug Tod muss ich muss Götter prüfen meine
Augen macht sie klug eindringend

Ins Bathyal nämlich und Abyssal
Ists im Hadal noch allein
Blau das die farbspendenden
LICHTWELLEN aufgeben müssen

Danach sich selbst – Reich
Wo Solarpulse enden
Geisterlicht spinnend
Plötzliche LUMINISZENZEN aufleuchten

Und stockt die Brust
Dass etwas heraufschiene
Von einem *Grund ohne Grund*
Unter des Tages Bewusstsein

Der uns so Träume hochschickt
Alb- oder ganz wunderbar
Aber auch dann nicht wirklich
Eigenheimglück das in festen Stunden
Verankert uns einlädt und mitzieht
Und das nicht zu gucken
Keiner von uns einen Grund sieht

ABTASTUNG

Bis in den Staubschweif stör-
Anfällig muss er sich abmühn
Der Hardware-Wurm
Mit Prüfprogrammen für unscharf
Gerastertes Sommerrot

Tropfen – zahllos zu schauen –

Kaum unterscheidbar Natterköpfe
Die möglichen Immortellen
So lichtgetrieben
Vollzieht es sich überall
Mit Trugfrucht mit Blütenbildung

Dunst – aufsteigend vom Meer –

Das Tränenbein aber
Mondsilberrein scheints
Hinter dem Umkehrpunkt
Und in der Begegnung der Augen
Nun mohnkorngroß

Hoffnung ist es – ist Grauen
Eins sei der Grund – sei leer

ALPHABETISCHES VERZEICHNIS DER GEDICHTTITEL